T0054727

ATRÉVETE A SEGUIR TU INTUICIÓN

AKIARA books

Publicado por AKIARA books
Plaça del Nord, 4, pral. 1a
08024 Barcelona (España)
www.akiarabooks.com/es
info@akiarabooks.com

Primera edición: octubre de 2020
Colección: Akiparla, 6
Diseño y coordinación de la colección: Inês Castel-Branco y Jordi Pigem

Este libro ha sido impreso con papel certificado FSC®,
proviene de fuentes respetuosas con la sociedad y el medio ambiente
y puede ser considerado un «libro amigo de los bosques».

Impreso en dos tintas, el texto interior en papel reciclado Shiro Echo Blanc
de 120 g/m² y la cubierta en cartulina Kraftliner de 250 g/m².
Se usaron las fuentes Celeste Pro Book, Helvetica Narrow y Franklin Gothic Std.

Impreso en España
@Agpograf_Impressors
Depósito legal: B 18.378-2020
ISBN: 978-84-17440-73-2

STEVE
JOBS

ATRÉVETE A SEGUIR TU INTUICIÓN

Comentario de Fran Pintadera // Ilustraciones de Matías Acosta //
Edición bilingüe

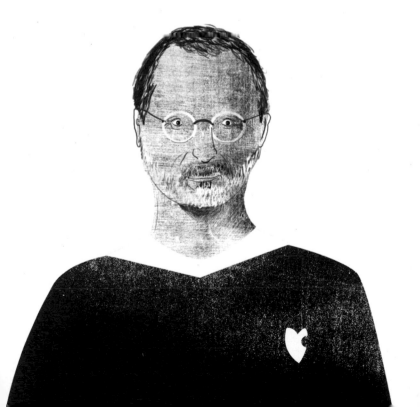

ÍNDICE

DISCURSO
Pronunciado por Steve Jobs en la Universidad de Stanford

CLAVES DEL DISCURSO
El corazón escondido en la manzana

DISCURSO PRONUNCIADO POR STEVE JOBS EN LA UNIVERSIDAD DE STANFORD

12 de junio de 2005

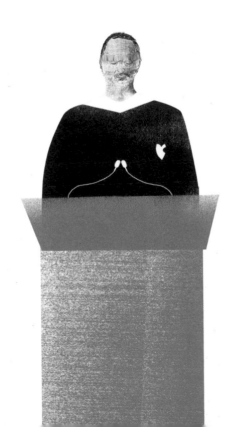

I am honored to be with you today at your commencement from one of the finest universities in the world. I never graduated from college. Truth be told, this is the closest I've ever gotten to a college graduation. Today I want to tell you three stories from my life. That's it. No big deal. Just three stories.

Es para mí un honor estar hoy con vosotros en esta ceremonia de graduación en una de las mejores universidades del mundo. Yo nunca me licencié. La verdad es que esto es lo más cerca que jamás he estado de una graduación universitaria. Hoy deseo contaros tres historias de mi vida. Eso es todo. Nada especial. Solo tres historias.

The first story is about connecting the dots.

I dropped out of Reed College after the first 6 months, but then stayed around as a drop-in for another eighteen months or so before I really quit. So why did I drop out?

It started before I was born. My biological mother was a young, unwed college graduate student, and she decided to put me up for adoption. She felt very strongly that I should be adopted by college graduates, so everything was all set for me to be adopted at birth by a lawyer and his wife. Except that when I popped out they decided at the last minute that they really wanted a girl. So my parents, who were on a waiting list, got a call in the middle of the night asking: "We have an unexpected baby boy; do you want him?" They said: "Of course."

La primera es acerca de conectar los puntos sueltos.

Dejé de estudiar en el Reed College a los seis meses, aunque seguí yendo de vez en cuando como oyente durante dieciocho meses, antes de abandonar los estudios definitivamente. ¿Por qué los dejé?

Esto empezó antes de que yo naciera. Mi madre biológica era una joven soltera, estudiante de universidad, que decidió darme en adopción. Quería firmemente que yo fuese adoptado por personas con título universitario, así que todo quedó arreglado para que al nacer fuera adoptado por un abogado y su esposa. Pero cuando aparecí, decidieron en el último minuto que en realidad querían una niña. De modo que mis padres, que estaban en lista de espera, recibieron una llamada en mitad de la noche preguntándoles: «Tenemos un niño no deseado; ¿lo quieren?» Ellos respondieron: «¡Claro que sí!»

My biological mother later found out that my mother had never graduated from college and that my father had never graduated from high school. She refused to sign the final adoption papers. She only relented a few months later when my parents promised that I would someday go to college.

And seventeen years later I did go to college. But I naively chose a college that was almost as expensive as Stanford, and all of my working-class parents' savings were being spent on my college tuition. After six months, I couldn't see the value in it. I had no idea what I wanted to do with my life and no idea how college was going to help me figure it out.

Más tarde mi madre biológica se enteró de que mi madre no había completado los estudios universitarios y mi padre no había terminado la secundaria. Se negó a firmar los papeles de la adopción definitiva. Solo accedió unos meses después, cuando mis padres prometieron que yo algún día iría a la universidad.

Y al cabo de diecisiete años fui a la universidad. Pero ingenuamente elegí una universidad casi tan cara como Stanford y todos los ahorros de mis padres, de clase obrera, se fueron en la matrícula. Seis meses después, no le encontraba ningún sentido. No tenía ni idea de qué quería hacer con mi vida y no veía cómo la universidad podía ayudarme.

And here I was spending all of the money my parents had saved their entire life. So I decided to drop out and trust that it would all work out OK. It was pretty scary at the time, but looking back it was one of the best decisions I ever made. The minute I dropped out I could stop taking the required classes that didn't interest me, and begin dropping in on the ones that looked interesting.

It wasn't all romantic. I didn't have a dorm room, so I slept on the floor in friends' rooms, I returned Coke bottles for the 5 cents deposits to buy food with, and I would walk the 7 miles across town every Sunday night to get one good meal a week at the Hare Krishna temple. I loved it. And much of what I stumbled into by following my curiosity and intuition turned out to be priceless later on. Let me give you one example.

Y ahí estaba yo, gastando todo el dinero que mis padres habían ahorrado en toda su vida. Decidí dejarlo y confiar en que todo acabaría bien. En aquel momento fue espantoso, pero ahora me doy cuenta de que es una de las mejores decisiones que he tomado. Tan pronto como lo dejé, pude prescindir de las clases obligatorias que no me interesaban y comencé a asistir de vez en cuando a las que me atraían.

No todo fue romántico. No tenía habitación propia, dormía en el suelo en habitaciones de amigos, recogía botellas vacías de Coca-Cola por los 5 centavos del depósito, para comprar comida, y cada domingo por la noche caminaba 11 kilómetros a través de la ciudad para tomar una buena comida a la semana en el templo Hare Krishna. Me encantaba. Y resultó que mucho de lo que encontré, siguiendo mi curiosidad e intuición, tuvo luego un valor incalculable. Os daré un ejemplo.

Reed College at that time offered perhaps the best calligraphy instruction in the country. Throughout the campus every poster, every label on every drawer, was beautifully hand calligraphed. Because I had dropped out and didn't have to take the normal classes, I decided to take a calligraphy class to learn how to do this. I learned about serif and sans serif typefaces, about varying the amount of space between different letter combinations, about what makes great typography great. It was beautiful, historical, artistically subtle in a way that science can't capture, and I found it fascinating.

En aquel momento, el Reed College ofrecía quizá las mejores clases de caligrafía del país. Por todo el campus, cada rótulo y cada etiqueta de cada cajón estaban bellamente escritos a mano en caligrafía. Como había abandonado el curso y no tenía que ir a las clases normales, decidí asistir a una asignatura de caligrafía para aprender. Aprendí sobre las fuentes con serifa y sin serifa, sobre cómo ajustar el espacio entre las distintas combinaciones de letras, sobre lo que hace que una tipografía tenga calidad. Era hermoso, histórico, artísticamente sutil, de un modo que la ciencia no puede capturar, y me resultó fascinante.

None of this had even a hope of any practical application in my life. But ten years later, when we were designing the first Macintosh computer, it all came back to me. And we designed it all into the Mac. It was the first computer with beautiful typography. If I had never dropped in on that single course in college, the Mac would have never had multiple typefaces or proportionally spaced fonts. And since Windows just copied the Mac, it's likely that no personal computer would have them.

· If I had never dropped out, I would have never dropped in on this calligraphy class, and personal computers might not have the wonderful typography that they do. Of course it was impossible to connect the dots looking forward when I was in college. But it was very, very clear looking backward ten years later.

Nada de eso parecía que pudiera tener ninguna aplicación práctica en mi vida. Pero diez años después, cuando estábamos diseñando el primer ordenador Macintosh, recordé todo aquello. E introdujimos aquellos diseños en el Mac. Fue el primer ordenador con tipografía hermosa. Si nunca hubiera asistido a aquella asignatura en la universidad, el Mac nunca habría tenido tipografías múltiples o fuentes proporcionalmente espaciadas. Y como Windows no hizo más que copiar a Mac, es probable que ningún ordenador personal las tuviese.

Si nunca me hubiera largado, nunca habría aterrizado en aquella clase de caligrafía, y posiblemente los ordenadores personales no tendrían ahora su maravillosa tipografía. Desde luego, era imposible conectar los puntos sueltos mirando hacia el futuro cuando estaba en la universidad. Pero todo quedó muy, muy claro al mirar hacia el pasado, diez años después.

Again, you can't connect the dots looking forward; you can only connect them looking backward. So you have to trust that the dots will somehow connect in your future. You have to trust in something—your gut, destiny, life, karma, whatever. This approach has never let me down, and it has made all the difference in my life.

Repito, no podéis conectar los puntos mirando hacia el futuro; solo podéis conectarlos mirando hacia el pasado. Por lo tanto, tenéis que confiar en que los puntos se conectarán, de alguna manera, en vuestro futuro. Tenéis que confiar en algo —en vuestro instinto, en el destino, en la vida, en el karma, como queráis llamarlo. Esta perspectiva nunca me ha fallado y ha sido realmente decisiva en mi vida.

My second story is about love and loss.

I was lucky—I found what I loved to do early in life. Woz and I started Apple in my parents' garage when I was twenty. We worked hard, and in ten years Apple had grown from just the two of us in a garage into a 2 billion dolar company with over 4,000 employees. We had just released our finest creation—the Macintosh—a year earlier, and I had just turned thirty. And then I got fired. How can you get fired from a company you started?

Mi segunda historia es sobre amor y pérdida.

Tuve suerte: descubrí pronto en la vida a qué quería dedicarme. Cuando tenía veinte años Woz y yo pusimos en marcha Apple en el garaje de mis padres. Trabajamos duro y en diez años Apple creció: lo que empezó con solo nosotros dos en un garaje se convirtió en una empresa de 2.000 millones de dólares y más de 4.000 empleados. Habíamos presentado nuestra mejor obra (el Macintosh) un año antes y yo acababa de cumplir los treinta. Y entonces me despidieron. ¿Cómo puede ser que te despidan de una empresa que has fundado?

Well, as Apple grew we hired someone who I thought was very talented to run the company with me, and for the first year or so things went well. But then our visions of the future began to diverge and eventually we had a falling out. When we did, our Board of Directors sided with him. So at thirty I was out. And very publicly out. What had been the focus of my entire adult life was gone, and it was devastating. I really didn't know what to do for a few months. I felt that I had let the previous generation of entrepreneurs down—that I had dropped the baton as it was being passed to me. I met with David Packard and Bob Noyce and tried to apologize for screwing up so badly. I was a very public failure, and I even thought about running away from the valley.

Bueno, como Apple iba creciendo, contratamos a alguien que creí que tenía mucho talento para dirigir la compañía conmigo, y el primer año fue bien. Pero luego nuestras visiones del futuro empezaron a divergir y acabamos enfrentándonos. Cuando eso ocurrió, el Consejo de Dirección se puso de parte de él. Así que a los treinta años estaba en la calle. En la calle y de una forma muy pública. Lo que había sido el eje de toda mi vida adulta se había esfumado. Fue terrible. Durante varios meses, realmente no sabía qué hacer. Sentía que había decepcionado a la generación anterior de emprendedores, que había dejado caer el testigo cuando me lo estaban pasando. Me reuní con David Packard y Bob Noyce e intenté disculparme por haber hecho un estropicio tan grande. Claramente me había convertido en un fracaso público e incluso pensé en irme de Silicon Valley.

But something slowly began to dawn on me—I still loved what I did. The turn of events at Apple had not changed that one bit. I had been rejected, but I was still in love. And so I decided to start over. I didn't see it then, but it turned out that getting fired from Apple was the best thing that could have ever happened to me. The heaviness of being successful was replaced by the lightness of being a beginner again, less sure about everything. It freed me to enter one of the most creative periods of my life.

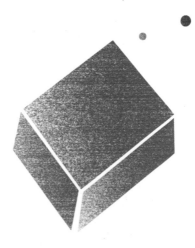

Pero lentamente empecé a darme cuenta de una cosa: me seguía encantando lo que había hecho. Lo ocurrido con Apple no había cambiado eso para nada. Me habían rechazado, pero yo seguía enamorado. Así que decidí volver a empezar. No me di cuenta entonces, pero resultó que ser despedido de Apple fue lo mejor que me podía haber pasado. La pesadez del éxito fue sustituida por la ligereza de volver a ser un principiante. Me dio la libertad para poder entrar en una de las etapas más creativas de mi vida.

During the next five years, I started a company named NeXT, another company named Pixar, and fell in love with an amazing woman who would become my wife. Pixar went on to create the world's first computer animated feature film, *Toy Story*, and is now the most successful animation studio in the world. In a remarkable turn of events, Apple bought NeXT, I returned to Apple, and the technology we developed at NeXT is at the heart of Apple's current renaissance. And Laurene and I have a wonderful family together. I'm pretty sure none of this would have happened if I hadn't been fired from Apple. It was awful tasting medicine, but I guess the patient needed it.

Durante los cinco años siguientes, fundé una empresa llamada NeXT, otra llamada Pixar, y me enamoré de una mujer increíble que se convertiría en mi esposa. Pixar creció y creó la primera película en el mundo animada por ordenador, *Toy Story*, y ahora es el estudio de animación de mayor éxito a nivel mundial. En un giro asombroso de los acontecimientos, Apple compró NeXT, yo regresé a Apple y ahora la tecnología que habíamos desarrollado en NeXT está en el núcleo del renacimiento de Apple. Y Laurene y yo hemos formado una familia maravillosa. Estoy completamente seguro de que nada de esto habría pasado si no me hubieran despedido de Apple. Fue una medicina muy amarga, pero supongo que el paciente la necesitaba.

Sometimes life hits you in the head with a brick. Don't lose faith. I'm convinced that the only thing that kept me going was that I loved what I did. You've got to find what you love. And that is as true for your work as it is for your lovers. Your work is going to fill a large part of your life, and the only way to be truly satisfied is to do what you believe is great work. And the only way to do great work is to love what you do. If you haven't found it yet, keep looking. Don't settle. As with all matters of the heart, you'll know when you find it. And, like any great relationship, it just gets better and better as the years roll on. So keep looking until you find it. Don't settle.

A veces la vida te da con un ladrillo en la cabeza. No perdáis la fe. Estoy convencido de que lo único que me permitió salir adelante fue que me entusiasmaba lo que hacía. Tenéis que encontrar lo que os entusiasma. Y esto vale tanto para el trabajo como para la pareja. El trabajo ocupará una gran parte de vuestra vida, y la única manera de sentiros realmente satisfechos es hacer lo que creáis que es un gran trabajo. Y la única forma de hacer un gran trabajo es sentir entusiasmo por lo que hacéis. Si todavía no lo habéis encontrado, seguid buscando. No os conforméis. Como pasa con todos los asuntos del corazón, cuando lo hayáis encontrado lo sabréis. Y, como toda gran relación, se vuelve cada vez mejor con el paso de los años. Así que seguid buscando hasta que lo encontréis. No os conforméis.

My third story is about death.

When I was seventeen, I read a quote that went something like: "If you live each day as if it was your last, someday you'll most certainly be right." It made an impression on me, and since then, for the past thirty-three years, I have looked in the mirror every morning and asked myself: "If today were the last day of my life, would I want to do what I am about to do today?" And whenever the answer has been "No" for too many days in a row, I know I need to change something.

Mi tercera historia es sobre la muerte.

Cuando tenía diecisiete años leí una cita que decía algo así: «Si vives cada día como si fuera el último, sin duda algún día tendrás razón.» Me impresionó y desde entonces, en los últimos treinta y tres años, me he mirado en el espejo cada mañana preguntándome: «Si hoy fuese el último día de mi vida, ¿querría hacer lo que estoy a punto de hacer hoy?» Y cada vez que la respuesta ha sido «No» durante muchos días seguidos, he sabido que tengo que cambiar algo.

Remembering that I'll be dead soon is the most important tool I've ever encountered to help me make the big choices in life. Because almost everything—all external expectations, all pride, all fear of embarrassment or failure—these things just fall away in the face of death, leaving only what is truly important. Remembering that you are going to die is the best way I know to avoid the trap of thinking you have something to lose. You are already naked. There is no reason not to follow your heart.

Recordar que pronto estaré muerto es la herramienta más importante que he encontrado para ayudarme a tomar las grandes decisiones de la vida. Porque casi todo —todas las expectativas externas, todo el orgullo, todo el miedo a hacer el ridículo o al fracaso—, todo eso se esfuma cara a cara con la muerte y solo queda lo que es realmente importante. Recordar que vas a morir es la mejor manera que conozco de evitar la trampa de creer que tienes algo que perder. Estás ya desnudo. No hay ninguna razón para no seguir tu corazón.

About a year ago I was diagnosed with cancer. I had a scan at 7:30 in the morning, and it clearly showed a tumor on my pancreas. I didn't even know what a pancreas was. The doctors told me this was almost certainly a type of cancer that is incurable, and that I should expect to live no longer than three to six months. My doctor advised me to go home and get my affairs in order, which is doctor's code for prepare to die. It means to try to tell your kids everything you thought you'd have the next 10 years to tell them in just a few months. It means to make sure everything is buttoned up so that it will be as easy as possible for your family. It means to say your goodbyes.

Hace cerca de un año me diagnosticaron un cáncer. Me hicieron un escáner a las 7:30 de la mañana y mostraba claramente un tumor en el páncreas. Yo ni sabía lo que era el páncreas. Los médicos me dijeron que casi con certeza era un tipo de cáncer incurable y que mis expectativas de vida no pasaban de entre tres y seis meses. Mi médico me aconsejó irme a casa y arreglar mis asuntos, que en el lenguaje de los médicos significa que te prepares para morir. Significa que intentes decir a tus hijos en unos pocos meses todo lo que pensabas decirles en los próximos diez años. Significa asegurarte de que todo quede organizado para que resulte lo más sencillo posible para tu familia. Significa despedirte.

I lived with that diagnosis all day. Later that evening I had a biopsy, where they stuck an endoscope down my throat, through my stomach and into my intestines, put a needle into my pancreas and got a few cells from the tumor. I was sedated, but my wife, who was there, told me that when they viewed the cells under a microscope the doctors started crying because it turned out to be a very rare form of pancreatic cancer that is curable with surgery. I had the surgery and I'm fine now.

Viví con ese diagnóstico todo el día. Al final de la tarde me hicieron una biopsia, en la que introdujeron un endoscopio por mi garganta, a través del estómago y de los intestinos, pincharon el páncreas con una aguja y extrajeron varias células del tumor. Yo estaba sedado, pero mi mujer, que estaba allí, me contó que cuando los médicos vieron las células en el microscopio se pusieron a llorar, porque resultó ser una forma muy poco habitual de cáncer pancreático que se puede curar con cirugía. Me operaron y ahora estoy bien.

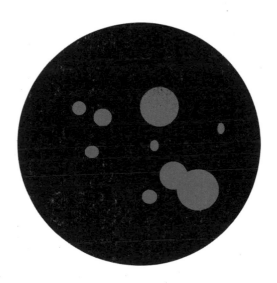

This was the closest I've been to facing death, and I hope it's the closest I get for a few more decades. Having lived through it, I can now say this to you with a bit more certainty than when death was a useful but purely intellectual concept: No one wants to die. Even people who want to go to heaven don't want to die to get there. And yet death is the destination we all share. No one has ever escaped it. And that is as it should be, because Death is very likely the single best invention of Life. It is Life's change agent. It clears out the old to make way for the new. Right now the new is you, but someday not too long from now, you will gradually become the old and be cleared away. Sorry to be so dramatic, but it is quite true.

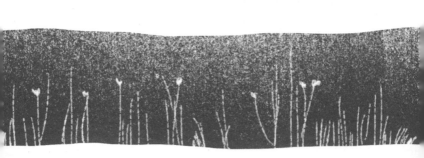

Fue lo más cerca que he estado de la muerte y espero que lo siga siendo durante unas cuantas décadas. Al haber vivido esta experiencia, ahora puedo deciros esto con un poco más de certeza que cuando la muerte era un concepto útil pero meramente intelectual: nadie quiere morir. Incluso la gente que quiere ir al cielo no quiere morir para llegar antes. Y, sin embargo, la muerte es el destino que todos compartimos. Nunca nadie ha escapado de ella. Y así es como debe ser, porque la muerte seguramente es el mejor invento de la vida. Es el agente de cambio de la vida. Retira lo viejo para dejar paso a lo nuevo. Ahora mismo, lo nuevo sois vosotros, pero algún día no muy lejano gradualmente os convertiréis en lo viejo y seréis retirados. Perdón por ser tan dramático, pero es muy cierto.

Your time is limited, so don't waste it living some-one else's life. Don't be trapped by dogma—which is living with the results of other people's thinking. Don't let the noise of others' opinions drown out your own inner voice. And most important, have the cour-age to follow your heart and intuition. They some-how already know what you truly want to become. Everything else is secondary.

Vuestro tiempo tiene límite, así que no lo malgastéis viviendo la vida de otra persona. No os dejéis atrapar por el dogma —eso es vivir con los resultados del pensamiento de otro. No dejéis que el ruido de las opiniones ajenas ahogue vuestra voz interior. Y, lo más importante, tened el valor de seguir vuestro corazón y vuestra intuición. Ellos de algún modo ya saben lo que realmente queréis llegar a ser. Todo lo demás es secundario.

When I was young, there was an amazing publication called the *Whole Earth Catalog*, which was one of the bibles of my generation. It was created by a fellow named Stewart Brand not far from here in Menlo Park, and he brought it to life with his poetic touch. This was in the late 1960s, before personal computers and desktop publishing, so it was all made with typewriters, scissors and Polaroid cameras. It was sort of like Google in paperback form, thirty-five years before Google came along: It was idealistic, and overflowing with neat tools and great notions.

Cuando era joven, había una revista magnífica llamada *Whole Earth Catalog*, una de las biblias de mi generación. Fue creada por un tipo llamado Stewart Brand, no lejos de aquí, en Menlo Park, y le dio su toque poético. Eso era a finales de los años sesenta, antes de los ordenadores personales y de la edición digital, así que se hacía con máquinas de escribir, tijeras y cámaras Polaroid. Era una especie de Google en formato revista, treinta y cinco años antes de que apareciera Google. Era idealista y rebosante de herramientas geniales y grandes ideas.

Stewart and his team put out several issues of the *Whole Earth Catalog*, and then when it had run its course, they put out a final issue. It was the mid-1970s, and I was your age. On the back cover of their final issue was a photograph of an early morning country road, the kind you might find yourself hitchhiking on if you were so adventurous. Beneath it were the words: "Stay Hungry. Stay Foolish." It was their farewell message as they signed off. Stay Hungry. Stay Foolish. And I have always wished that for myself. And now, as you graduate to begin anew, I wish that for you.

Stay Hungry. Stay Foolish.

Thank you all very much.

Stay Hungry.

Stewart y su equipo publicaron varios números del *Whole Earth Catalog* y luego, cuando había completado su recorrido, publicaron un último número. Fue a mediados de los años setenta y yo tenía vuestra edad. En la contracubierta del último número había una fotografía de una carretera rural a primera hora de la mañana, en la que podríais hacer autostop si fuerais suficientemente intrépidos. El pie de foto decía: «Seguid hambrientos. Seguid insensatos». Fue su mensaje de despedida. Seguid hambrientos. Seguid insensatos. Y siempre lo he deseado para mí. Y ahora, cuando estáis a punto de graduaros para empezar de nuevo, es lo que os deseo.

Seguid hambrientos. Seguid insensatos.

Muchas gracias,

Stay Foolish.

CLAVES DEL DISCURSO
El corazón escondido en la manzana

Fran Pintadera

Una calurosa mañana de junio

La Universidad de Stanford, donde tuvo lugar el célebre discurso que acabas de leer, es una de las universidades privadas más prestigiosas de los Estados Unidos de América y del mundo. Para alcanzar uno de sus ansiados títulos, los esfuerzos han de ser notables. Y es que para la mayor parte de las grandes universidades el camino hacia el éxito pasa por defender los valores y la cultura del esfuerzo. «Para llegar a ser algo debes sacrificarte», en ocasiones, parece ser la única vía posible.

Sin embargo, el 12 de junio de 2005, el día en que centenares de alumnos de esta universidad se graduaban, quien subió al estrado a ofrecer lo que se presuponía una conferencia solemne fue un hombre que nunca acabó sus estudios universitarios. Un hombre que se cuestionó si la meta del aclamado diploma era una elección suya o un mandato externo. Un hombre que, en lugar de escuchar el mensaje dominante del sacrificio para ser alguien en la vida, escuchó a su instinto. Ese hombre era Steve Jobs.

La persona adecuada

Steven Paul Jobs nació en 1955 en San Francisco. Su madre biológica decidió darlo en adopción. Pasó su infancia con sus padres adoptivos en Mountain View (California). Quiso el destino que aquella ciudad fuera uno de los lugares en los que se establecían empresas del sector tecnológico. Hoy es parte de Silicon Valley, sede de las principales marcas de ordenadores, procesadores o servicios de entretenimiento y redes sociales.

Estando en el colegio, Steve Jobs vio por primera vez un ordenador; cuentan que quedó maravillado, y que, en ese instante, supo que se dedicaría a eso. A los diecisiete años comenzó la universidad, pero en pocos meses se dio cuenta de que no era para él. Ni sus preguntas ni sus deseos iban a encontrar respuesta entre aquellos muros. Con apenas veintiún años, junto a su compañero Steve Wozniak y al frecuentemente olvidado Ronald Wayne, fundó Apple. El primero de sus ordenadores, como algunas de las mejores bandas de rock, nació en un garaje. Su concepto de ordenador personal resultó ser un acierto en muchos aspectos. En apenas unos años, Steve Jobs había amasado una fortuna. Su inventiva, el cualificado equipo del que se rodeó y su constante idea de ofrecer algo novedoso al público, llevaron a su marca a crear productos tan rompedores como el Mac, el iPod o el iPhone, y a fundar estudios de animación tan afamados como Pixar, responsables de las películas *Cars*, *WALL-E* o *Toy Story*, entre otras.

En 2004 le diagnosticaron cáncer de páncreas. A pesar del trasplante de hígado que le realizaron años más tarde, el cáncer se había extendido y finalmente, en octubre de 2011, falleció fruto de un paro cardíaco. Tras de sí dejó infinidad de creaciones que revolucionaron las comunicaciones y la tecnología. Sus productos, y aquellos a los que inspiraron, han transformado nuestra manera de estar en el mundo y de relacionarnos.

A pesar de no tener título universitario, como se hubiera esperado de alguien dispuesto a ocupar el atril de la Universidad de Stanford el día de la graduación, sus credenciales estaban claras. Y si existían dudas sobre si era la persona adecuada, su discurso las disiparía.

Como si fuera un relato

Steve Jobs, a lo largo de su vida, dejó claro que no era una persona convencional. Ofreció al mundo una mirada distinta, siempre dispuesta a plantear posibilidades hasta entonces desconocidas. Su discurso no podía ser de otra manera. En lugar de presentarse como un empresario exitoso, decidió mostrar su lado humano y convertirse, por unos instantes, en un contador de historias.

> Hoy deseo contaros tres historias de mi vida. Eso es todo. Nada especial. Solo tres historias.

Con este planteamiento aparentemente sencillo —en el que incluso parece quitar peso a lo que va a continuación—, se desmarca de la figura pública que se ha creado en torno suyo para establecer un vínculo cercano con el público. Posibilita un espacio que, a pesar del multitudinario número de oyentes, se torna íntimo. Con apenas unas frases, ha creado la atmósfera necesaria para que cada uno de los asistentes desee conocer más. En otras palabras, acaba de decir al público: «Había una vez...».

El encabezamiento del discurso, próximo al relato, no es casual. De hecho, aprovechará algunas de las virtudes del cuento tradicional para el desarrollo de su intervención. La división en tres partes es un hecho significativo.

En los relatos de tradición oral y cuentos de hadas, el número tres siempre ha tenido un protagonismo indiscutible (los tres deseos, los tres intentos para conseguir un propósito o los tres hermanos, por ejemplo). Esa división en tres partes ha servido para estructurar las narraciones a lo largo de los años.

Pensemos en las tres historias que propone Jobs en su discurso: la primera la sitúa en el momento de su nacimiento, la segunda en su vida adulta y la tercera, como recordarás, en la proximidad de la muerte. Si los cuentos pueden estructurarse en tres momentos clave, Jobs demuestra que el relato de una vida también puede hacerlo.

La estructura del discurso estaba sobre la mesa. Aquella estructura que tantas veces hemos leído en cuentos y novelas o visto en el cine o en el teatro. La estructura argumental de cualquier historia: principio, nudo y desenlace. Es el punto de partida que Steve Jobs tomó prestado a las antiguas historias para presentar su discurso.

Una historia familiar: el rechazo

Jobs introduce la primera de sus historias diciendo que trata «de conectar los puntos sueltos», y acto seguido se refiere a su nacimiento y su adopción. En un discurso, tus primeras palabras pueden marcar el éxito de la intervención, y Steve

Jobs lo sabe. Ya hemos visto que no es por casualidad que comience por este momento de su vida. Pero, además, busca que el público se identifique con él, y lo logra abriendo dos frentes: el primero es el del rechazo y el segundo, el de los mandatos, ambos referidos al mundo adulto.

> Mi madre biológica era una joven soltera, estudiante de universidad, que decidió darme en adopción. Quería firmemente que yo fuese adoptado por personas con título universitario, así que todo quedó arreglado para que al nacer fuera adoptado por un abogado y su esposa. Pero cuando aparecí, decidieron en el último minuto que en realidad querían una niña.

La manera de hablar de Steve Jobs al referirse a este episodio de su vida es un tanto distante, como si realmente quisiera alejarse; no implicarse en él. Ofrece una secuencia de momentos en los que no otorga a sus protagonistas —su madre biológica, el abogado y su esposa— ninguna emoción, solo unos hechos objetivos y muy lejanos de lo que un recién nacido puede esperar. Su historia vital comienza con un doble rechazo. Independientemente de los motivos o las circunstancias de aquellos adultos, en el recuerdo de Steve Jobs perdura el dolor de ese rechazo.

Los recién graduados contienen la respiración por unos instantes: también ellos saben lo que se siente al ser rechazados. Casi todos lo hemos sufrido en algún momento de nuestras vidas, especialmente con nuestros adultos de referencia. Porque no te esperan, porque no eres la niña con la que se ven paseando por la calle, porque eres más débil que tu hermano mayor y nunca destacarás en los deportes, porque no te gusta leer o porque, al contrario, te pasas el día leyendo en casa. Parece que siempre pueda existir un motivo para el rechazo, tanto el explícito —aquel que se dice sin tener en cuenta las consecuencias—, como el implícito —el que se calla, pero se puede palpar. Y los rechazos no desaparecen cuando la infancia queda atrás: puede haber un rechazo a la carrera que hemos decidido estudiar, o al oficio que emprendemos en la vida adulta. En muchos casos lo que se rechaza es una elección concreta, pero lo podemos sentir como un rechazo a nuestra persona.

El ser humano es un animal social y nos construimos, en gran medida, en función de nuestra relación con los demás. Podemos tomar muchas decisiones equivocadas y alejarnos de nuestra esencia porque deseamos encajar. Sin embargo, y como afirma la investigadora Brené Brown, «todos somos dignos de sentir amor y pertenencia». No hemos de rendir cuentas a nadie. *Somos*, a pesar de los demás. Y somos desde el momento en que nacemos.

Steve Jobs se dirige a un público ansioso de escuchar algo que les sirva para la vida adulta y, con una brevedad pasmosa, les acaba de revelar que sufrió rechazo desde el momento en que nació y, sin embargo, allí está, al mando de una de las empresas más importantes del mundo. Es el anticipo de lo que dirá después: no importa lo que los otros esperen de tu vida; sé fiel a ti mismo.

Otra historia cotidiana: el mandato

Al mismo tiempo, Steve Jobs habla del requisito que prioriza su madre biológica a la hora de la adopción: la familia que se haga cargo debe tener un título universitario. Jobs dice mucho en cada frase que calla. En este caso omite unas cuantas. No dice que su madre biológica buscase a una buena familia ni que fueran simpáticos ni que lo llevasen cada agosto a veranear junto a la playa. Solo dice que esa familia debía tener título universitario, reduciendo lo verdaderamente importante en la vida a un papel que certifique que has pasado unos cuantos años aprendiendo sobre ciertas materias. Cuando finalmente la familia adoptiva que sí quería al pequeño Steven en casa resultó no haber completado la universidad —y, en el caso del padre, ni siquiera la secundaria—, la madre biológica, tras infinidad de dudas, modificó su condición:

> Se negó a firmar los papeles de la adopción definitiva. Solo accedió unos meses después, cuando mis padres prometieron que yo algún día iría a la universidad.

Aparece el segundo frente de identificación: el mandato. Podríamos decir que un mandato es una orden externa a nosotros que nos obliga a hacer algo o a cumplir una misión. Se trata de una tarea impuesta que, por lo general, no nos representa ni pertenece. Es un legado en forma de deber: te acaban de pasar el testigo en una carrera de relevos, debes continuar hacia la meta y, a ser posible, quedar primero. Algunas personas pasan su vida entera cumpliendo mandatos ajenos y —lo que es todavía más perverso— muchas veces lo viven de manera inconsciente, como si ese camino prediseñado fuera algo propio. Cabría preguntarse cuántos de aquellos recién graduados estudiaron su carrera convencidos de que era lo que deseaban hacer en la vida y cuántos lo hicieron respondiendo a un mandato familiar. No estaría de más preguntarnos cuántos de nosotros hemos tomado alguna de nuestras decisiones vitales siguiendo esos mismos patrones. En el caso de Steve Jobs, el mandato venía manifiesto por parte de su madre biológica; un mandato que tanto sus padres como él debían cumplir. Por suerte, fue consciente de que tal precepto no era asunto suyo. Tras poner al mandato en el lugar que le correspondía, fue capaz de alejarlo de su vida y tomar su propio —y valiente— camino.

> Decidí dejarlo y confiar en que todo acabaría bien. En aquel momento fue espantoso, pero ahora me doy cuenta de que es una de las mejores decisiones que he tomado.

Su decisión no se refiere solo al hecho de abandonar la carrera universitaria, sino al valor de atreverse a seguir su camino. En definitiva, y valga la redundancia, *decidió atreverse a decidir*. Invitación que, frase a frase, ofrece a sus oyentes a lo largo del discurso.

La libertad como forma de vida

Hasta ahora, Steve Jobs no interpela al público; es prudente. Prefiere hablar de su propia historia. Cuando llegue el momento de dirigirse a la audiencia, de sugerir pistas para sus vidas, no habrá duda de que es la persona indicada para ofrecerlas.

> Tan pronto como lo dejé, pude prescindir de las clases obligatorias que no me interesaban y comencé a asistir de vez en cuando a las que me atraían.

La sensación de libertad comienza a florecer en el discurso como una metáfora de la vida. De cada lugar y cada experiencia, de cada entorno y cada persona, puedes recibir todo cuanto te resulte de interés y distanciarte de aquello que no te beneficie. Imagínate, por un momento, moviéndote por la vida como lo hacía Steve Jobs por su facultad. Entras a la asignatura que consideras relevante, escuchas y sales a mitad de clase si no es lo que esperabas. Por algunas clases, solo te asomas por el cristal de la puerta y decides pasar de largo. Y en otras te quedas maravillado y repites siempre que quieras. ¿Y si todo fuera tan sencillo? Pero no lo es, y Jobs no duda en dejarlo claro.

> No todo fue romántico. No tenía habitación propia, dormía en el suelo en habitaciones de amigos, recogía botellas vacías de Coca-Cola por los 5 centavos del depósito, para comprar comida, y cada domingo por la noche caminaba 11 kilómetros a través de la ciudad para tomar una buena comida a la semana en el templo Hare Krishna.

El esfuerzo, del que hablábamos al principio, aparece aquí desde otro prisma. Aquel «para llegar a ser algo deberás sacrificarte» se transforma ahora en «para estar a gusto contigo, a veces, hay que currárselo». Steve Jobs le da la vuelta al concepto para decirles a los graduados que son libres de elegir desde sus propias inquietudes, pero que eso no garantiza un camino llano y sin sobresaltos.

Entretanto, se deleita en los detalles para seguir dando credibilidad a su figura. La audiencia, a estas alturas, no tiene duda de que sabe de lo que habla. El terreno es cada vez más favorable para ofrecer su primera consigna. Pero aún queda un último acercamiento.

Todo encaja al mirar atrás

En sus años *pseudouniversitarios* la libertad de elección acerca de dónde ir y qué hacer lleva a Steve Jobs a cursar una asignatura de caligrafía. No existía un porqué definido ni un plan estratégico. No respondía a ninguna expectativa futura; sencillamente, le gustaba. Para muchas personas, hacer las cosas por esa simple razón suena naíf; un asunto pasajero y fruto de la inconsciencia o la imprudencia. Y es que hay quien se pone nervioso al no poder cuantificar o monetizar el tiempo. No es de extrañar que cada tanto escuchemos la expresión «hay que invertir bien el tiempo», como si acaso los minutos, las horas y los días cotizasen en el mercado bursátil.

Si Steve Jobs comienza su discurso con una puesta en escena abiertamente desafiante —hablar desde un atril universitario defendiendo el hecho de no haberse graduado—, ahora da un segundo golpe sobre la mesa: tu compromiso es con tu impulso, con el placer de conocer y descubrir lo que te hace palpitar. Cuando haces algo que te apasiona, no estás *invirtiendo* ese tiempo; lo estás disfrutando.

> Si nunca me hubiera largado, nunca habría aterrizado en aquella clase de caligrafía, y posiblemente los ordenadores personales no tendrían ahora su maravillosa tipografía. Desde luego, era imposible conectar los puntos sueltos mirando hacia el futuro cuando estaba en la universidad. Pero todo quedó muy, muy claro al mirar hacia el pasado, diez años después.

En eso consiste «conectar los puntos», en que a veces los grandes momentos de una vida provienen de haber elegido a partir de la intuición. Las decisiones más triviales pueden ser las detonantes de un porvenir exitoso. Y, lo mejor de todo, si no acaba siendo así, no hay espacio para el lamento. En primer lugar, porque no era la intención; no había expectativa. Y, en segundo lugar, porque se disfrutó con esa elección como el que goza de la lectura de un buen libro: por el mero placer de perderse entre sus páginas.

> Por lo tanto, tenéis que confiar en que los puntos se conectarán, de alguna manera, en vuestro futuro. Tenéis que confiar en algo —en vuestro instinto, en el destino, en la vida, en el karma, como queráis llamarlo. Esta perspectiva nunca me ha fallado y ha sido realmente decisiva en mi vida.

Llegó el momento de dirigirse a los oyentes. Es la hora de lanzarles su primer mensaje de forma directa. Deben confiar. Confiar en que no hay elección errónea si se hace desde una sincera convicción. Deben confiar. Entregarse. Como las aves en sus rutas migratorias, deben atender a su brújula invisible y convertirse en instinto.

Las oportunidades que nos brinda el fracaso

En su segunda historia, sobre «amor y pérdida», Jobs habla de su inicio en el mundo laboral y de cómo, en apenas diez años, pasó de un garaje a una empresa multimillonaria. Pero recordemos que su discurso no habla del éxito, sino del instinto y de los inevitables baches del camino que parecen —solo parecen— jugar en nuestra contra.

> Bueno, como Apple iba creciendo, contratamos a alguien que creí que tenía mucho talento para dirigir la compañía conmigo,

y el primer año fue bien. Pero luego nuestras visiones del futuro empezaron a divergir y acabamos enfrentándonos. Cuando eso ocurrió, el Consejo de Dirección se puso de parte de él. Así que a los treinta años estaba en la calle.

Tercer rechazo importante en su vida: lo expulsan de la empresa que él mismo fundó. Llegados a este punto, podría haberse hundido en un sentimiento de autocompasión, pero descubrió que «aún amaba lo que hacía». En otras palabras, hay cosas en nuestra vida que ocurren alrededor y que no podemos controlar, pero no debemos otorgarles el poder de cambiar aquello que somos.

Steve Jobs ya nos ha dejado claro que debemos confiar en que, al mirar atrás, las decisiones desde la intuición pueden convertirse en el trampolín de nuestros avances y logros del presente. Pero aquí vemos que situaciones menos deseables también abren la puerta a nuevas y desconocidas posibilidades. De hecho, sus tres historias de rechazo acercaron su vida hacia el lugar adecuado. Cada aparente fracaso, por tanto, no nos saca del camino, ya que el camino está en nosotros y nada puede alejarnos de él. Y no solo eso, sino que, aunque al principio nos cueste verlo, esos traspiés pueden resultarnos favorables.

> No me di cuenta entonces, pero resultó que ser despedido de Apple fue lo mejor que me podía haber pasado. La pesadez del éxito fue sustituida por la ligereza de volver a ser un principiante. Me dio la libertad para poder entrar en una de las etapas más creativas de mi vida.

Steve Jobs resalta su idea de liberación con una figura retórica conocida como antítesis: al salir de Apple, cuenta que se sintió *ligero*; se había liberado de la *pesada* capa del éxito. Volvía a ser un principiante. Empezaba de nuevo, y lo cierto es que le fue muy bien. Sin temor a lo que quedaba atrás —la certeza de lo conocido—, miró hacia delante. De pronto, se vio a sí mismo como un amateur, alguien que —como viene a decir el origen latino de la palabra, *amator*— era un amante; una persona que, a pesar de todo, seguía enamorada de lo que hacía.

A veces la vida nos sirve la oportunidad en bandeja. Otras veces, hemos de estar atentos y aprender a leer las señales. Pero siempre es buen momento para librarnos de aquello que ya no nos sirve —el peso del éxito, de lo que se espera de nosotros, de lo que sería más adecuado, de la persona que siempre hemos sido...— para seguir avanzando, en un camino infinito, a lo profundo de nuestro ser.

Educación, conformismo y vida adulta

Una buena porción de nuestro tiempo adulto se dedica al trabajo. Resulta curioso que para muchas personas ocupe un lugar central en sus vidas —en las horas empleadas, las frustraciones, la dedicación o las preocupaciones—, pero no ocupe el lugar principal en sus intereses o placeres. Elegimos la familia que creamos, escogemos a nuestros amigos y tomamos la decisión de emplear nuestro tiempo libre en una u otra actividad. Sin embargo, el trabajo, en muchas ocasiones, se convierte en una simple y sencilla transacción monetaria. Entrego mi tiempo a cambio de dinero. Aunque lo parezca, no es solo una decisión personal, forma parte de una estructura diseñada para que, como humanos, funcionemos así. La sociedad y sus escuelas nos educan para que seamos moneda de cambio y funcionemos con las lógicas del tiempo estructurado, del deber, de las comparaciones y de las leyes de causa y efecto.

El elemento, un famoso libro escrito por el pedagogo Sir Ken Robinson, explica cómo descubrir lo que nos apasiona es fundamental para nuestras vidas, y de que todos tenemos, al menos, una pasión por descubrir. En uno de sus capítulos se refiere así a la escuela: «La educación pública ejerce una presión implacable sobre sus alumnos para que se conformen. Las escuelas públicas no se crearon solo en interés del industrialismo: se crearon a *imagen* del industrialismo. En muchos sentidos, se las diseñó para respaldar a la cultura de fábrica, y es lo que reflejan».

La escuela y el Estado tienen como norma pensar por nosotros. La rígida organización de las aulas implica que somos un grupo homogéneo que debe ceñirse a las mismas estructuras, horarios, reglas, voluntades y temas de conocimiento. Se tiende a anular la capacidad de crítica y de elección. Como afirma también Sir Ken Robinson, en la escuela «la conformidad tiene mayor valor que la diversidad»; se apaga nuestro impulso. No es de extrañar que cuando el niño crezca se convierta en un adulto sumiso incapaz de escuchar su propia intuición.

No os conforméis. Como pasa con todos los asuntos del corazón, cuando lo hayáis encontrado lo sabréis. Y, como toda gran relación, se vuelve cada vez mejor con el paso de los años. Así que seguid buscando hasta que lo encontréis. No os conforméis.

Steve Jobs, como buen orador, utiliza la reiteración para recalcar el peso de una idea en particular; aquella que debe destacar por encima del resto. «No os conforméis» es el mensaje que encabeza el cierre de su segunda historia. «No os conforméis», repite al final para que no haya dudas.

Una vez más debemos mirar adentro y no afuera. Es momento de desaprender; de alejarnos de lo que otros han estimado oportuno para nuestra vida. Debemos —y aquí somos los responsables— tomar parte consciente de nuestras decisiones. Acercarnos al fuego que nos calienta, porque, de otra manera, nuestros cuerpos —y especialmente nuestros corazones— acabarán temblando de frío. Debemos ser valientes y activar los cambios necesarios para no conformarnos. Para que nuestra vida tenga más sabor.

Imagina tu día a día como un plato de comida de aspecto delicioso que al probarlo está terriblemente soso. ¿Te conformarás y te lo comerás todo sin rechistar o echarás un poco de sal? A veces, los pequeños giros y las decisiones más sutiles pueden cambiarlo todo.

Una sabia consejera

La muerte como posibilidad protagoniza la tercera historia de Steve Jobs. Desde sus primeras palabras, deja constancia de que la muerte puede ser nuestra mejor aliada.

> «Si hoy fuese el último día de mi vida, ¿querría hacer lo que estoy a punto de hacer hoy?» Y cada vez que la respuesta ha sido «No» durante muchos días seguidos, he sabido que tengo que cambiar algo.

En la cultura occidental la muerte sigue resultando un tema tabú. No está prohibido hablar de ella, pero lo hacemos sin profundidad alguna, repletos de consignas aprendidas y frases hechas. En otros puntos del globo, sin embargo, hablar de la muerte es sinónimo de autoconocimiento. Para el Buda Gautama, sabio sobre cuyas enseñanzas se fundó el budismo, «la enfermedad, la vejez y la muerte son mensajeros divinos», tienen una valiosa información que darnos. Si les preguntamos, nos ofrecen la oportunidad de descubrir algo más de nosotros y de lo que en realidad deseamos hacer mientras estemos sanos y vivos. Esas mismas cosas que no podremos realizar cuando estemos enfermos, cuando nuestros cuerpos no lo permitan o cuando nuestros días en la tierra hayan terminado. La muerte nos dice que el tiempo es ahora y que, por si acaso, no dejemos nada para otro momento. Es una sabia consejera y debemos estar dispuestos a mirarla a los ojos y preguntarle. No entiende de formalismos ni será complaciente. Es posible que no exista una respuesta más cruda y sincera que la suya. Pregúntale: «Muerte, ¿es esta la vida que elijo tener hasta que llegue tu abrazo?» Antes de dar su respuesta, la muerte ahondará en tu universo más profundo. Conversará con esa parte tuya libre de miedos, creencias y ataduras. Esa parte capaz de decidir desde la intuición.

En su conversación con la muerte, Steve Jobs hace alguna concesión. Se permite decir «No» algún día. Es comprensible que existan tareas o momentos tan indeseables como ineludibles, pero no tolera su acumulación, ni que se conviertan en su rutina. No deben ser ellos los que se apoderen de nuestra vida.

Despejemos las dudas; despeguemos

El final de un discurso, como el de un relato, es tan importante como el principio. Si cuando comenzamos debemos captar la atención de la audiencia, en el final hemos de lograr que el camino recorrido juntos, ahora que llegamos al destino, haya merecido la pena. La sorpresa o el impacto son buenos aliados para crear un final más emotivo y memorable.

Steve Jobs narra en la última de sus historias el crudo diagnóstico de su cáncer de páncreas (el discurso tuvo lugar seis años antes de su fallecimiento).

A fin de embellecer la contundencia de los hechos, la última parte de la intervención se llena de recursos y figuras retóricas. Para reforzar la idea de la muerte como consejera, Jobs se refiere a ella con una hermosa paradoja: «la muerte seguramente es el mejor invento de la vida». Para referirse a la brevedad del tiempo y a cómo les afectará a esos jóvenes, emplea una nueva antítesis: «[La muerte] retira lo viejo para dejar paso a lo nuevo».

Igual que en la primera de sus historias, donde recopiló recuerdos a fin de dotarla —y de dotarse— de mayor credibilidad, ahora utiliza una extensa serie de detalles acerca de su diagnóstico y de la biopsia que le realizaron: desde la hora en que tuvo lugar el escáner hasta el recorrido del endoscopio por su garganta, estómago e intestinos. Llega el momento de ofrecer su mensaje final, posiblemente el más importante de todos, y no deben existir dudas. Su experiencia le legitima para ofrecer su última consigna.

> Vuestro tiempo tiene límite, así que no lo malgastéis viviendo la vida de otra persona. No os dejéis atrapar por el dogma —eso es vivir con los resultados del pensamiento de otro. No dejéis que el ruido de las opiniones ajenas ahogue vuestra voz interior.

Steve Jobs quiere dejar claro que vivir la vida de otro es un error. Lo repite hasta en tres ocasiones para que ningún oyente lo pase por alto. Llegados a este punto, es todo cuanto quiere ofrecer. La audiencia ha entendido; saben lo que no deben hacer, pero los jóvenes buscan pistas, indicadores de hacia dónde deben dirigirse. Es por eso que Jobs concluye con una directriz en positivo.

> Y, lo más importante, tened el valor de seguir vuestro corazón y vuestra intuición. Ellos de algún modo ya saben lo que realmente queréis llegar a ser. Todo lo demás es secundario.

La imagen final de la carretera rural, desierta y con un extenso camino para recorrer, sirve de metáfora a lo que está por venir: ese destino que aquellos jóvenes tienen entre las manos y que, en gran medida, dependerá de ellos. Ese destino que tú también tienes entre las manos. La invitación está hecha. Debes atreverte. Decidir desde las tripas. Ya conoces la dirección que has de tomar porque en ti habitan las respuestas a cualquier pregunta. Y ante las dudas, las rígidas estructuras que te impidan crecer y las voces que quieran acallarte, *sigue hambriento y sigue insensato*. Y canta. Y baila. Y haz todo aquello que te haga realmente feliz. Quién sabe si con ello construirás tu futuro hogar.

AKIPARLA LA FUERZA DE LA PALABRA